Transformados por La

UNA VIDA DEDICADA A LA PALABRA DE DIOS

MW01118499

TABLA *de* CONTENIDO

DEREK PUBLISHING

Transformado por la Verdad: Una Vida Dedicada a La Palabra De Dios
Copyright © 2018 for Ancient Promise Ministries. All rights reserved.
Original Title: Transformed by Truth: A Life Devoted to God's Word
Copyright © 2013 for Ancient Promise Ministries. All rights reserved.

Requests for information should be addressed to:
Derek Publishing, 2945 Bell Road #145, Auburn, California 95603
email: derekpublishing@gmail.com, web: derekpublishing.co

Library of Congress Cataloging-in-Publication Data

Names: Content Co-Created for Ancient Promise Ministries
Title: Transformado por la Verdad: Una Vida Dedicada a La Palabra De Dios
Identifiers: ISBN's Leader's Guide: 978-1-946561-02-2, Workbook: 978-1-946561-07-7
Subjects: Religious / Education / Christian Essentials / Equipping Church Plants

derek
PUBLISHING

Ancient Promise Discipleship Curricula is published for
Ancient Promise Ministries by Derek Publishing. The curricula has been
translated into several languages and has been used to equip church
leaders in Tanzania, Kenya, Ethiopia, Uganda, India and Mexico.
For more information about Ancient Promise Ministries
visit ancientpromise.org
For more information about the curricula visit derekpublishing.co

Introducción

La Verdad es un concepto cada vez menos comprendido a medida que pasa el tiempo. Pareciera que podemos distorsionar La Verdad, suavizarla, torcerla y hasta negarla. Hoy La Verdad puede ser marginal, relativa o parcial, pero rara vez se considera absoluta. A menudo nos fijamos en la ciencia, los libros, las filosofías, los dogmas de la iglesia y las tradiciones o la experiencia personal para determinar La Verdad. Pero, ¿cómo conocemos realmente La Verdad? ¿En cuál Verdad podemos confiar?

Lo que decidimos aceptar como La Verdad está determinado frecuentemente en quién o en qué elegimos confiar.

Entonces ¿en quién podemos confiar para que nos diga La Verdad sobre el propósito de la vida? ¿En quién podemos confiar para decirnos La Verdad sobre la muerte, la eternidad y Dios? ¿En quién podemos confiar para decirnos La Verdad acerca de los anhelos interiores de nuestra alma?

¿Qué pasaría si descubrimos lo que es La Verdad de la fuente misma de toda Verdad? ¿Y qué si Él que estableció La Verdad ya nos ha dado toda La Verdad que necesitamos saber para vivir esta vida al máximo?

Dios nos ha dado La Verdad. Él nos ha dado La Verdad a través de Su Palabra y por medio de Su Hijo Jesucristo. Esta verdad no es parcial ni relativa a nuestra experiencia de vida o a lo que elegimos creer. No se basa en nuestros antecedentes o nuestras tradiciones de la iglesia o en opiniones personales. La Verdad de Dios es la única verdad, ya sea que elijamos creerla o no.

El Camino de La Verdad

La gente es seguidora por naturaleza. Por eso Jesús nos llama ovejas. Con frecuencia pensamos que cuanto más grande es el rebaño, más creíble es el pastor, así que nos unimos a esos rebaños. Buscamos iglesias que parezcan exitosas según los estándares del hombre, con grandes edificios y grandes programas que atraen a las masas. Otros buscan pastos con poca gente en iglesias pequeñas que llenan su necesidad de pertenencia y relaciones. La cuestión realmente no es sobre el tamaño o incluso los programas, de lo que se trata es del pastor, de cómo él está alimentando a sus ovejas y a donde las está llevando.

¿Qué dijo Jesús acerca del "camino" de La Verdad?

En Mateo 7:13-14 dice: "Entrad por la puerta estrecha; porque ancha es la puerta, y espacioso el camino que lleva a la perdición, y muchos son los que entran por ella; porque estrecha es la puerta, y angosto el camino que lleva a la vida, y pocos son los que la hallan."

No es suficiente que nos llamemos cristianos. Debemos estar seguros de que el camino en el que estamos es realmente el camino de La Verdad. Hay quienes sostienen que el camino estrecho que Jesús describe arriba no es justo. Dicen que declarar que sólo hay un camino es crítico y falto de amor, pero eso no podía estar más lejos de La Verdad.

Si un niño tiene diabetes y está destinado a morir si la enfermedad no es tratada, sería horrible para un padre saber que no podría ponerle restricciones dietéticas a su hijo o no poder enseñarle a ser fiel en tomar su medicina. Tanto las restricciones como la medicina le salvarán la vida, no importa lo injusto que parezca. Ningún padre quiere que su hijo tenga una enfermedad terrible, pero se consideraría moralmente malo no hacer todo lo posible para dar a su hijo la mejor oportunidad para vivir. Sólo hay una manera de salvar a ese niño. Negar que hay un problema sólo conducirá a una muerte segura. Tampoco sería bueno dar al niño un medicamento que no tiene poder para curar su cuerpo, sin importar lo caro, bien empaquetado o bien comercializado que sea.

El hombre tiene una enfermedad espiritualmente fatal: se llama pecado. Sólo hay un medicamento: Cristo. Cualquier otro camino conducirá a la muerte espiritual, independientemente de cómo nos sintamos acerca de él o cómo nuestras mentes humanas quieren que sea diferente.

Valorando La Verdad

Nuestra capacidad de entender y apropiarnos de La Verdad de Dios en nuestras vidas está directamente relacionada con lo mucho que valoramos dicha verdad.

Hoy en dia, en la cultura moderna es obvio que La Verdad puede significar cosas diferentes para diferentes personas. La Verdad hoy, no tiene parámetros y es típicamente determinada por lo que es moralmente importante para nosotros y no por lo que es importante para Dios. De hecho, Dios generalmente es dejado afuera de la ecuación por completo. La Verdad se vuelve relativa y está determinada por nuestro propio sistema de valores personales y código moral.

En Isaías 59:14-15 Dios habla por medio del profeta Isaías y declara: Y el derecho se retiró, y la justicia se puso lejos; porque la verdad tropezó en la plaza, y la equidad no pudo venir. Y la verdad fue detenida, y el que se apartó del mal fue puesto en prisión; y lo vio Jehová, y desagradó a sus ojos, porque pereció el derecho.

Isaías podría haber hecho esa declaración hoy. Parece que La Verdad hoy tampoco tiene hogar ni es acceptada. Ya no es bienvenido lo que hace prevalecer la verdadera justicia entre nosotros.

Cuando falta La Verdad de Dios descubrimos que la sociedad valorará el placer y los derechos personales por encima de La Verdad. Las opiniones personales gobiernan nuestros sistemas de valores y la opinión pública vale más que La Verdad de Dios. Cuando una sociedad ya no honra, guarda o vive por La Verdad de Dios, se hace muy difícil reconocerla cuando aparece.

Hoy en día la sociedad tiende a imponer su concepto de La Verdad en la iglesia más de lo que la iglesia impacta o afecta a la sociedad. El universalismo y la tolerancia ponen a un lado La Verdad reemplazándola con la búsqueda de la popularidad y la relevancia cultural. La Verdad se acomoda para ajustarse al sueño americano, ya que el éxito, el dinero y el placer tienen prioridad sobre el deseo de La Verdad.

Ganar miembros y mantener a la gente en la iglesia, usando los sistemas del mundo se hace más importante que La Verdad. Los números y los presupuestos dirigen el mensaje en lugar de proclamar a Dios y Su verdad.

En algunos casos las tradiciones y el dogma de la iglesia pueden suplantar La Verdad. El dogma confesional puede hacer que la gente rechace La Verdad ya que la gente busca algo tangible. A menudo se vuelven a las causas y a la experiencia a costa de una vida transformada por La Verdad.

Cuando la iglesia no valora La Verdad, experimenta un conflicto similar al de la sociedad. Todo el mundo cree lo que le parece correcto, siempre que luzca ser cristiano. Muchos no saben qué creer, entonces, siguen las voces más populares. Buscan lo que suena bien. Otros no saben en quién confiar y por eso La Verdad se convierte en un concepto impulsado por la necesidad. Basan su comprensión y aceptación de La Verdad en la capacidad para satisfacer sus necesidades hasta que finalmente, La Verdad ni siquiera puede ser reconocida.

Pero lo cierto es que no conoceremos, entenderemos y nos apropiaremos de La Verdad de Dios si no la valoramos por encima de todo lo que podríamos tener en este mundo. Entonces, ¿cómo podemos saber el lugar que La Verdad tiene en nuestros corazones y vidas? Podemos saber cuánto valoramos La Verdad por lo que estamos dispuestos a sacrificar por ella, tanto para ganarla como para mantenerla.

La Verdad Definida

Antes de embarcarnos en este viaje necesitamos establecer una fundación para nuestro propio entendimiento.

Primero necesitamos definir La Verdad como la vemos usada en nuestra cultura moderna e idiomas y luego cómo se define en el lenguaje de la Biblia.

La definición de la verdad en nuestra moderno idioma Inglés es "lo que se ajusta a la realidad aparte de nuestra experiencia percibida." Sin embargo, según el Diccionario Griego, la palabra Aleteia que significa La Verdad, es una palabra que está compuesta de la siguiente forma: (a = sin) y (leteia = ocultar), es decir que al unir las dos palabras se obtiene el concepto de "des-ocultamiento" de la realidad que está en la base y que es de acuerdo con la apariencia, lo manifestado, la pura esencia de la materia. La palabra esencia según el diccionario Inglés significa: "La naturaleza intrínseca o cualidad indispensable de algo, especialmente algo abstracto, que determina su carácter."

En este estudio trataremos de comprender las cualidades indispensables que determinan la naturaleza intrínseca de La Verdad de Dios. Veremos cómo Dios ha revelado Su verdad a Su creación y el poder que La Verdad tiene en la vida del verdadero creyente en Jesucristo.

Recomendaciones para Aprovechar al Máximo este Estudio

Este estudio no nos enseñará un método de estudio bíblico, está diseñado para ayudarnos a permitir que La Verdad haga lo que Dios quiso que pasara desde el principio, que nos volvamos a Él en una relación personal que transforme nuestras almas mientras aprendemos a confiar en La Verdad que hemos recibido.

1. Dios pide de nosotros un corazón humilde y contrito. Arrepentido a la Palabra de Dios y a este estudio con una mente abierta y un corazón enseñable. Le pedimos que deje sus ideas preconcebidas acerca de quién es Dios, sus propósitos y Sus caminos y que permita que Él le hable de nuevo.

2. Siempre es útil ir a través de este estudio con un amigo o alguien cercano que le ayude a mantenerse responsable ante la Palabra, así como al Señor. Tómense juntos el tiempo necesario para orar y discutir los principios que está aprendiendo.

3. Dedíquele tiempo a este estudio. Al comprender el impacto que La Verdad tiene sobre nuestras vidas requiere reflexión, introspección y diligencia.

4. Memorice el versículo clave para cada lección.

La Necesidad de la Verdad

1

"Dijo entonces Jesús a los judíos que habían creído en él: Si vosotros permaneciereis en mi palabra, seréis verdaderamente mis discípulos; y conoceréis la verdad, y la verdad os hará libres."

— JUAN 8:31-32 RV60

La Guerra Eterna

Comenzó en el Jardín de Edén, la vieja guerra por el corazón del hombre.

En el Jardín, la creación suprema de Dios vivía en una perfecta relación con Él. Adán y Eva le creyeron a Dios. Ellos adoraban a su Creador; Su enfoque era los demás y hacia Dios. Era una hermosa existencia de total confianza y gratitud hacia Aquel que había inspirado vida en su ser. Su relación era también de completo abandono porque no había ninguna razón para que fuera de otra manera. Confiaron en Dios. La Verdad estaba en Dios y La Verdad era Dios. No había nada más.

En alguna parte en el tiempo, antes de que el hombre fuera formado del polvo de la tierra, hubo una guerra en una escala que no puede ser entendida por una mente finita. La guerra fue entre Dios y su ángel más preciado y confiable, Lucifer. Lucifer era un hermoso ser más allá de todo lo que Dios había hecho. Su mismo nombre significaba "brillo" o estrella brillante

Lea Ezequiel 28:12b-15

> "Tú eras el sello de la perfección, lleno de sabiduría, y acabado de hermosura. ¹³ En Edén, en el huerto de Dios estuviste; de toda piedra preciosa era tu vestidura; de cornerina, topacio, jaspe, crisólito, berilo y ónice; de zafiro, carbunclo, esmeralda y oro; los primores de tus tamboriles y flautas estuvieron preparados para ti en el día de tu creación. ¹⁴ Tú, querubín grande, protector, yo te puse en el santo monte de Dios, allí estuviste; en medio de las piedras de fuego te paseabas. ¹⁵ Perfecto eras en todos tus caminos desde el día que fuiste creado, hasta que se halló en ti maldad." RV60

Lucifer era bello sin comparación. Su belleza y posición causaron orgullo en él, y finalmente causó su desaparición.

1.   Lea Ezequiel 28:15-19 y anote lo que pasó con Lucifer—y por qué.

_____

_____

_____

2.   Lea Apocalipsis 12:7-17 y anote lo que sucedió a este hermoso ser que ahora se ve como el gran dragón, la serpiente de antaño.

_____

_____

_____

•   ¿Cómo se llaman ahora? _____

3.   Lea Apocalipsis 12:7-17 otra vez. Escribe lo que el dragón está haciendo. ¿Cuáles son sus tácticas?

_____

_____

_____

Al mirar hacia atrás en el Jardín del Edén vemos a la serpiente de antaño haciendo su ataque a la creación amada de Dios. Satanás gana su primera batalla. Esta primera batalla sería para siempre la cicatriz de la humanidad, sobrecargando el corazón de todas las generaciones con un alma herida y enferma separada del Dios que lo creó.

Parecería que Satanás había ganado más que una batalla. El hombre perdió su inocencia. Más importante aún, el hombre perdió su confianza en Dios y desde ese momento sería susceptible a las formas engañosas del "padre de la mentira". El hombre comenzó a vivir con miedo porque la confianza fue destruida y Satanás usó el temor del hombre para distorsionar la visión del hombre de Dios. El engaño y la sospecha comenzaron a reinar.

4.   Lea Juan 8:42-47 y anote lo que Jesús dice acerca de Satanás.

_____

_____

_____

Al leer estos pasajes, note que Jesús está hablando a los líderes religiosos de Su día. Estaba hablando a aquellos que estaban en posesión de la Palabra de Dios como revelada a través de la Ley de Dios y el sistema de sacrificio. Tenían acceso a la verdad. Estaban delante de ellos todos los días. Entonces, ¿por qué Jesús les diría que eran como su padre Satanás, el "padre de la mentira"?

¿Es posible que la Verdad escrita en las páginas de la Ley y practicada en la actividad de su ritual cotidiano de algún modo quedara latente en sus mentes? ¿Podrían creer que poseer la Verdad era suficiente?

El hombre necesita estar equipado para participar en la batalla por su alma. El hombre necesita conocer y apropiarse de la Verdad de Dios; Es el arma más grande que el hombre tiene contra Satanás el "padre de la mentira".

La Lucha Interna

El hombre debe poseer la Verdad para experimentarla en la realidad, pero solo poseerla no es suficiente. Es necesario vivirla, experimentarla, y obedecerla.

1. Lea Romanos 1:21-25. ¿Qué le pasó al corazón del hombre y su visión de Dios?

_____

_____

2. Lea Jeremías 17:9 y anote lo que allí dice sobre el corazón.

_____

Parece obvio que el hombre puede reconocer algo como verdadero, pero el solo conocimiento no es suficiente. Puede ser dueño de la Verdad y no vivir en ella.

La mayoría de nosotros sabemos que fumar cigarrillos es malo para nuestra salud e incluso puede causar la muerte. Entonces, ¿por qué alguien que sabe la Verdad sobre fumar sigue fumando? Ellos han oído la verdad, pero algo les impide vivirla. Podría ser cualquiera de estas cuatro cosas:

- No creen realmente la verdad sobre fumar.
- Ellos creen la verdad, pero les encanta fumar más que la vida.
- No creen que la verdad se aplica a ellos.
- Creen en la verdad, pero se sienten impotentes para cambiar.

Lea el siguiente fragmento sobre vivir en la verdad.

> "... La Verdad no puede ayudarnos hasta que seamos partícipes de ella. Sólo poseemos lo que experimentamos." — Charles Stanley

El hombre no sólo necesita conocer la verdad, sino que debe vivirla para que sea algo más que la información que llena su mente. Hay una lucha interna en el corazón del hombre para conocer y vivir en la verdad. Sin embargo, el hombre no puede vivir lo que no sabe – necesita la verdad.

El Acoso Externo

Hoy hay un acoso de la Verdad en el mundo. El "padre de la mentira" y sus fuerzas demoniacas se han enfocado contra cualquier fragmento de la verdad. Ellos buscan una completa entrega de la Verdad en toda la humanidad. Aquellos que se aferran a la Verdad a menudo encuentran que son agredidos y difamados por el mundo y su sistema.

Desde la política hasta el púlpito la Verdad está siendo asaltada. Los medios de comunicación dictan su propia versión de la verdad, ya que buscan tener una alta audiencia por encima de la verdad. Los sistemas educativos promueven su visión de la Verdad eliminando lo que no quieren que otros conozcan o crean. La historia se reescribe en nombre de la Verdad relativa y la aceptación política. La gente se reúne detrás de causas que promueven su idea de la Verdad y hacen que se sientan justas, incluso si su Verdad percibida agrede o denigra a alguien más. Las religiones proclaman que su Verdad es correcta mientras que todas las demás creencias son herejías. Es difícil saber qué creer.

Parecería que el "padre de la mentira" está ganando la guerra.

1.   Lea II Corintios 11:13-15 y escriba por qué necesitamos la verdad.

_____

_____

_____

2.   Lea II Tesalonicenses 2:1-12 abajo Y responda las preguntas que siguen.

"Pero con respecto a la venida de nuestro Señor Jesucristo, y nuestra reunión con él, os rogamos, hermanos, ² que no os dejéis mover fácilmente de vuestro modo de pensar, ni os conturbéis, ni por espíritu, ni por palabra, ni por carta como si fuera nuestra, en el sentido de que el día del Señor está cerca. ³ Nadie os engañe en ninguna manera; porque no vendrá sin que antes venga la apostasía, y se manifieste el hombre de pecado, el hijo de perdición, ⁴ el cual se opone y se levanta contra todo lo que se llama Dios o es objeto de culto; tanto que se sienta en el templo de Dios como Dios, haciéndose pasar por Dios. ⁵ ¿No os acordáis que cuando yo estaba todavía con vosotros, os decía esto? ⁶ Y ahora vosotros sabéis lo que lo detiene, a fin de que a su debido tiempo se manifieste. ⁷ Porque ya está en acción el misterio de la iniquidad; sólo que hay quien al presente lo detiene, hasta que él a su vez sea quitado de en medio. ⁸ Y entonces se manifestará aquel inicuo, a quien el Señor matará con el espíritu de su boca, y destruirá con el resplandor de su venida; ⁹ inicuo cuyo advenimiento es por obra de Satanás, con gran poder y señales y prodigios mentirosos, ¹⁰ y con todo engaño de iniquidad para los que se pierden, por cuanto no recibieron el amor de la verdad para ser salvos. ¹¹ Por esto Dios les envía un poder engañoso, para que crean la mentira, [12] a fin de que sean condenados todos los que no creyeron a la verdad, sino que se complacieron en la injusticia."

    a.   ¿Cómo es el hombre de pecado?

_____

_____

    b.   Haz una lista de las cosas que Satanás hará a través del hombre de pecado para engañar.

_____

_____

    c.   ¿Qué pasará con el hombre de pecado?

_____

_____

    d.   ¿Qué pasará con los que aman la injusticia más que la verdad?

_____

_____

3.   Lea los pasajes siguientes y anote por qué es importante conocer la verdad.

    a.   2 Timoteo 3:1-8

_____

_____

_____

    b.   2 Pedro 2:1-3

_____

_____

La Biblia nos dice que Satanás es el "príncipe del poder del aire" (Efesios 2:2).

También nos dice en Apocalipsis 13:7-9 que cuando el dragón fue arrojado a la tierra se le permitió tener autoridad sobre las naciones y sus sistemas mundiales por un tiempo y se le permitió hacer la guerra a los santos. Nos dice que todo aquel cuyo nombre no esté escrito en el Libro de la Vida del Cordero adorará a la bestia.

Esto parece tan extremo cuando miramos el mundo en que vivimos. Algunos dirían que las cosas no son tan malas y si miramos las cosas desde una perspectiva física y temporal, lo que dicen parecería correcto. Pero este es el mayor engaño de todos.

4. Lea Efesios 6:10-17 abajo y responda las preguntas que siguen.

"10 Por lo demás, hermanos míos, fortaleceos en el Señor, y en el poder de su fuerza. 11 Vestíos de toda la armadura de Dios, para que podáis estar firmes contra las asechanzas del diablo. 12 Porque no tenemos lucha contra sangre y carne, sino contra principados, contra potestades, contra los gobernadores de las tinieblas de este siglo, contra huestes espirituales de maldad en las regiones celestes. 13 Por tanto, tomad toda la armadura de Dios, para que podáis resistir en el día malo, y habiendo acabado todo, estar firmes. 14 Estad, pues, firmes, ceñidos vuestros lomos con la verdad, y vestidos con la coraza de justicia, 15 y calzados los pies con el apresto del evangelio de la paz. 16 Sobre todo, tomad el escudo de la fe, con que podáis apagar todos los dardos de fuego del maligno. 17 Y tomad el yelmo de la salvación, y la espada del Espíritu, que es la palabra de Dios;"

Se necesitaría un libro entero para explorar todo lo que este pasaje dice acerca de cómo luchar esta guerra espiritual, sin embargo, para los propósitos de este estudio sólo podremos ver la función de la verdad.

a. Desde el versículo 10-12, anote lo que encuentre sobre esta guerra invisible.

_____

_____

_____

Si al "padre de la mentira" se le ha dado la autoridad de engañar al mundo y a su sistema, ¿en qué o quién se puede creer? ¿Cómo permaneceremos?

b. Del versículo 14 escriba cómo se describe la verdad.

_____

c. Piense cuidadosamente sobre esta descripción. ¿Qué parte toma la verdad en la armadura protectora?

_____

_____

d. Desde el versículo 17 identifique qué arma debemos utilizar en nuestra lucha contra el enemigo.

_____

_____

e.   ¿Cuánta importancia tiene esta arma?

_____

_____

_____

Necesitamos conocer y vivir en la Verdad porque el enemigo ha librado la guerra contra la creación de Dios. Él utiliza la mentira, la distorsión y la acusación como su arma principal. Necesitamos conocer la Verdad de Dios porque hay una lucha interna para vivir de la manera en que Dios nos ha llamado como creyentes en Cristo. Sin la Verdad somos impotentes ante el acoso de mentiras y distorsiones que nuestra cultura impone sobre nosotros, ya que busca conformarnos a sus caminos.

Nuestro enemigo el diablo es como un león rugiente que vagabundea por toda la tierra buscando a aquellos que puede destruir (I Pedro 5:8). Él usa la mentira y el engaño para lograr su propósito. Él ha retorcido la Verdad hasta el punto en que los hombres llamarán a las mentiras, Verdad y a la Verdad llamarán mentira. A medida que el tiempo avanza, el camino de la Verdad es más y más difícil de encontrar. Necesitamos desesperadamente la Verdad.

La Fuente de La Verdad

"Le dijo entonces Pilato: ¿Luego, eres tú rey? Respondió Jesús:
Tú dices que yo soy rey. Yo para esto he nacido, y para esto he
venido al mundo, para dar testimonio a la verdad. Todo aquel
que es de la verdad, oye mi voz."

— JUAN 18:37 RV60

El Origen de la Verdad

El mismo autor de toda verdad lo ha llamado a usted fuera del mundo de las tinieblas
y del engaño y lo ha introducido en el reino de su luz maravillosa. Donde hay luz hay
revelación y esperanza de vida.

Sería razonable que si el arma más grande del enemigo contra la humanidad, e incluso el
pueblo de Dios, es el engaño, entonces que nuestra mayor arma en esta batalla espiritual
fuera la verdad. Con esto dicho primero debemos ver de dónde viene la verdad, cuál es
la naturaleza de su fuente y cómo la podemos apropiar.

Es fácil decir que Dios es la fuente de toda verdad, pero al igual que la persona que
conoce la verdad sobre el hábito de fumar, a menudo decidimos no aprovechar la verdad
que Él anhela poner en nuestras almas. Muchos ni siquiera saben por dónde empezar a
buscar la verdad porque no conocen su fuente.

Hemos aprendido que toda palabra que sale de la boca de Satanás es una mentira. Por
el contrario, sabemos que cada palabra que viene de Dios sólo puede ser verdad porque
es imposible que Dios mienta (Hebreos 6:18). Podemos saber que esta afirmación es
verdadera, pero a menos que la exploremos en sentido práctico, su significado puede
convertirse en otra parte de la teología que archivamos en nuestra mente.

Si Dios es la fuente de la verdad entonces todo lo que fluye de Él debe ser verdad.
¿Cómo comenzamos a entender tal posibilidad sin fin?

1. Lea Mateo 4:4 y anote lo que allí dice acerca de la Palabra que viene de Dios. Para entender lo que se dice, necesitará meditar en lo que es el pan y lo que hace.

    _____

    _____

    _____

2. Lee el Salmo 119:160 y anote lo que allí encuentre.

    _____

    _____

    _____

Lo que siempre viene de Dios es la verdad. El mismo Padre de la verdad no cambia ni vacila. Entonces si Dios es la fuente de toda verdad, podemos saber que todo lo que Él ha dicho es verdad. Por lo tanto, es imperativo que sepamos cómo Él habla para que podamos saber a dónde recurrir para conocer la verdad y entonces podamos escucharla.

La Fuente de la Verdad Habla a través de Su Hijo

Dios no tiene una "boca" puesto que Él es Espíritu, así que ¿cómo ha hablado? Hablar significa comunicar información, un pensamiento, sentimiento, opinión o intención.

1. Lea los pasajes siguientes y anote cómo Dios ha hablado.

    a. Juan 1:1-2, 14, 17-18

    _____

    _____

    _____

    _____

    b. Juan 14:5-11

    _____

    _____

    _____

En el idioma griego el término usado para "palabra" en Juan 1 es "logos". En *Zodhiates Complete Word Study Dictionary* encontramos que "logos" significa la expresión de la inteligencia o mente de Dios.

2. Lea Hebreos 1:1-3 y explique cómo Dios habló.

_____

_____

_____

3. De los pasajes anteriores, explique por qué Jesús está calificado para hablar en nombre de Dios el Padre.

_____

_____

_____

_____

_____

Para entender estos pasajes debemos comprender que Dios habló por medio de Su Hijo de maneras que van más allá de las palabras que salieron de la boca de Jesús. Dios habló a través de la vida, muerte y resurrección de Su Hijo. Todo lo que Jesucristo Hijo de Dios fue y todo lo que hizo es la expresión del corazón y la mente del Dios Altísimo. Para conocer la verdad debemos conocer la fuente de la verdad hablada por medio de Jesucristo: Su vida, su muerte y su resurrección.

Dios Habla por Su Espíritu

Dios no sólo habla a través de Su Hijo, Él también habla por Su Espíritu. El Espíritu de Dios es parte de la Trinidad. La relación de la Trinidad es un misterio, pero podemos saber que todos son Dios y que existen en completa unidad.

1. Lea los pasajes a continuación y anote lo que aprenda sobre cómo habla Dios a través de Su Espíritu.

a. Juan 14:15-17

_____

_____

_____

b. Juan 14:25-26

_____

_____

_____

2.	Lea Juan 16:7-15 y conteste las siguientes preguntas.

	a.	¿De qué nos hablará el Espíritu?

	_____

	_____

	b.	¿Por cuál autoridad hablará?

	_____

	_____

	c.	Cuando Él habla y obra, ¿a quién glorificará?

	_____

	_____

Una cosa importante a notar en los pasajes anteriores es que cuando Jesús habla Él glorifica al Padre, y cuando el Espíritu habla Él glorifica al Hijo y al hacerlo glorifica al Padre. No se glorifican a sí mismos. ¡Qué maravilloso concepto para meditar, todos se glorifican mutuamente!

El Espíritu de Dios es llamado el "Espíritu de Verdad" en los pasajes anteriores. Por lo tanto, podemos saber que lo que viene del Espíritu del Dios Viviente siempre será la verdad.

Dios Habla A Través de Su Palabra Escrita

Sabemos que sólo porque algo está escrito y publicado no significa que sea verdad. Es increíble lo fácil que es para nosotros confiar e incluso vivir por lo que dicen los autores de libros, artículos periodísticos o blogs, más de lo que hacemos de la Palabra de Dios. Leemos artículos sobre nutrición de diferentes fuentes y muchos variarán en lo que nos dicen que es saludable. Algunos dicen que no debemos consumir productos lácteos. Otros nos dicen que no comamos carne. Otros todavía promueven el consumo de estas cosas sin dudarlo. Sin embargo, encontramos personas cambiando sus hábitos alimenticios basados en el último artículo que han leído. Leemos y creemos y a menudo alteramos radicalmente nuestras vidas de acuerdo con las cosas escritas por aquellos que profesan experiencia o credenciales.

Es difícil entender cómo podemos valorar la palabra escrita del hombre y ser tan fácilmente influenciados por sus ideas y filosofías, sin embargo luchamos por valorar la Palabra escrita de Dios. A menudo leeremos un libro sobre el matrimonio antes de buscar entender al autor mismo del matrimonio. Muchos leerán libros sobre Dios en lugar de leer el Libro de Dios. Hay autores maravillosos que de hecho hablan elocuentemente acerca de Dios y sus libros son de gran valor, pero nunca deben reemplazar lo que Dios tiene que decir sobre sí mismo.

1. Lea los siguientes pasajes y anote lo que encuentre acerca de la Palabra escrita de Dios.

    a. 2 Timoteo 3:16

    _____

    _____

    b. 2 Pedro 1:19-21

    _____

    _____

2. Lea el Salmo 19:7-14. Tenga en cuenta que los términos ley, testimonios, estatutos y mandamientos son sinónimos de la Palabra escrita de Dios.

    a. Escriba las características de la Palabra de Dios.

    _____

    _____

    _____

    b. Escriba los beneficios de la Palabra de Dios.

    _____

    _____

Jesús nos dice que ni siquiera la cosa más pequeña será removida de la Palabra escrita de Dios hasta que todo se cumpla. Así pues, al mirar la verdad en su contexto, sigue siendo relevante hoy, porque sabemos que se cumple en Cristo Jesús (Mateo 5:17-20). Sin embargo, la verdad de Dios no se limita a los hechos. La verdad de Dios está viva, activa y poderosa. En la búsqueda de la verdad, A.W. Tozer dice:

> "acerca de los hombres que aman el conocimiento, es muy bien demostrado que necesitan pruebas, si por conocimiento nos referimos a hechos, conocimientos técnicos, estadísticas, información técnica, habilidades científicas y mecánicas. Nuestras prensas de impresión están constantemente desplegando libros llenos de información útil. Nuestras escuelas están abarrotadas de estudiantes ansiosos por adquirir todos los conocimientos posibles en el menor tiempo posible ...
>
> Es de vital importancia que hagamos una clara distinción entre el conocimiento y la verdad, es decir, entre el conocimiento que no es sino la suma de los hechos que poseemos y la verdad, que es el aspecto moral y espiritual. Es posible llenar

la mente con hechos y que eso no le ayude a mejorar, porque los hechos no tienen significado moral o espiritual. Los hechos tienen las mismas relaciones con la verdad que un cadáver tiene con un hombre. Sirven como un medio por el cual la verdad se relaciona con la vida y las circunstancias externas, pero debe depender de su significado sobre la esencia interna de la verdad."

Dios Habla A Través de La Creación

El lugar final que debemos examinar para ver cómo Dios habla es a través de Su creación. Todo lo que Él ha creado en su diseño original habla de quién es y de su naturaleza.

1. Lea el Salmo 19:1-4

¹ Los cielos cuentan la gloria de Dios, Y el firmamento anuncia la obra de sus manos. ² Un día emite palabra a otro día, Y una noche a otra noche declara sabiduría. ³ No hay lenguaje, ni palabras, Ni es oída su voz. ⁴ Por toda la tierra salió su voz, Y hasta el extremo del mundo sus palabras. En ellos puso tabernáculo para el sol;

2. Lea Romanos 1:20 y anota lo que encuentras acerca de la revelación de Dios de sí mismo.

_____

_____

_____

La expresión del corazón y la mente de Dios se derraman en Su creación. Dios habla porque Dios quiere ser conocido por aquellos a quienes ama. Él quiere una relación de amor con Su creación que esté en línea con Su naturaleza y sus propósitos. Él quiere que lo experimentemos como Él es, no como lo deseamos. Sólo podemos hacerlo escuchando Su voz - la voz de la verdad.

Dios, cuya naturaleza es la verdad, está hablando Su verdad a través de Su creación. Él está hablando a través de Su Palabra escrita. Él ha hablado y está hablando por Su Espíritu y por Su Hijo. Haríamos bien en escuchar.

"²³ siendo renacidos, no de simiente corruptible, sino de incorruptible, por la palabra de Dios que vive y permanece para siempre. ²⁴ Porque: Toda carne es como hierba, Y toda la gloria del hombre como flor de la hierba. La hierba se seca, y la flor se cae; ²⁵ Mas la palabra del Señor permanece para siempre. m Y esta es la palabra que por el evangelio os ha sido anunciada."

— I PEDRO 1:23-25 RV60

La Naturaleza de la Verdad

"Lámpara es a mis pies tu palabra, Y lumbrera a mi camino."

— SALMO 119:105 RV60

Entendiendo la Verdad

Hemos hablado de la necesidad de la verdad. Hemos visto que la táctica primaria del enemigo en la guerra por las almas de los hombres es el engaño. Si él puede evitar que conozcamos la verdad, ha ganado la batalla. Pero si ese mismo enemigo también maldice, niega, distorsiona y rechaza la verdad, ¿cómo vamos a estar seguros de que lo que estamos oyendo y viendo es la verdad y no la mentira? Esta es una pregunta antigua que exige una consideración seria. Muchas veces en la Escritura leemos que lo que vemos con nuestros ojos físicos es sólo una apariencia de lo que realmente está sucediendo en el esquema de las cosas de Dios.

1.   Lea 2 Reyes 6:8-18 y responda las preguntas que siguen.

   a.   ¿Qué vió el criado cuando salió por la mañana?

   _____

   _____

   b.   ¿Cuál era la realidad espiritual que él no podía ver?

   _____

   _____

   c.   ¿Que tenía que suceder para que el sirviente pudiera ver la verdadera situación?

   _____

A través de la Escritura leemos cómo lo que se ve en el reino físico no siempre coincide con la realidad espiritual de Dios. La historia de José es un buen ejemplo. José fue vendido por sus hermanos como esclavo en Egipto. Con el tiempo, después de haber sido promovido desde la humildad de la esclavitud en la casa de Potifar, fue falsamente acusado y encarcelado. Satanás parecía haber tenido éxito en sus intentos de destruir al joven de Dios.

Pero José nuevamente fue elevado a un lugar de gran poder en Egipto. Satanás había usado a los hermanos de José para provocar la caída de este joven cuando lo vendieron como esclavo, pero al final lo que Satanás y sus hermanos habían planeado para mal, Dios lo usó para salvar a mucha gente de un hambre terrible. (Génesis capítulo 37-51)

2.   Le Génesis 50:19-21 y escriba la verdad de Dios.

_____

_____

_____

_____

Estas historias son de naturaleza milagrosa y podemos aprender grandes cosas de ellas, pero ¿cómo nos ayudan a entender la verdad?

Dios es Soberano y aunque no siempre entendemos lo que vemos, podemos saber que lo que Él dice es verdad. El mayor ejemplo de este principio está en la muerte de Jesucristo en la cruz destinada para los pecadores. Toda la creación había esperado el día en que el Salvador, el ungido de Israel, vendría a traer salvación a su pueblo elegido. El pueblo hebreo creía que cuando el Mesías llegara, Él los liberaría del gobierno de Roma y establecería su reino terrenal. Cuando llegó el enemigo cegó los ojos espirituales de muchas personas. No podían creer que el Mesías vendría a establecer un reino espiritual. Ellos querían la gloria del pasado. ¿Dónde estaba la restauración que Dios había prometido? No tenían ojos para ver. Satanás se enfureció y la guerra contra el Hijo de Dios alcanzó su clímax. Jesús, el Santo de Israel, fue golpeado y azotado, escupido y rechazado. Fue colgado en una cruz y sufrió la muerte de un criminal.

A todos los que estaban allí les parecía que Satanás había ganado. ¿Cómo podría ser que el tan esperado Mesías hubiera perdido la batalla? En ese momento en que toda la oscuridad parecía gobernar y toda esperanza se había ido, la misma muerte del Mesías de repente se convirtió en el momento más glorioso que el cielo y la tierra jamás verían. La verdad de Dios prevaleció sobre las tinieblas y la vida eterna fue ganada. El hombre ahora podría ser restaurado a su creador. ¡La verdad fue quien venció!

No podemos depender de lo que vemos con nuestros ojos físicos. La verdad llega más allá de lo físico a lo espiritual donde Dios gobierna. Para conocer la verdad necesitamos entender este principio – no siempre podemos confiar en lo que vemos. Debemos confiar en la Palabra de Verdad de Dios porque la esencia de todas las cosas físicas comienza en el reino espiritual.

La Verdad Discernida

Para ayudarnos a discernir la verdad hay algunas cosas que debemos saber. Vivimos en un mundo que es gobernado por el "padre de la mentira" y los sistemas del mundo están bajo su control. Para no ser engañados debemos mirar ahora la definición misma de la verdad.

1. Busque la palabra verdad en su diccionario y escriba su definición.

_____

_____

_____

De acuerdo con el Diccionario Griego, la palabra Aleteia que significa La Verdad, es una palabra que está compuesta de la siguiente forma: (a = sin) y (leteia = ocultar), es decir que al unir las dos palabras se obtiene el concepto de "des-ocultamiento" de la realidad que está en la base y que es de acuerdo con la apariencia, lo manifestado, la pura esencia de la materia."

Cuando estamos mirando algo físico necesitamos mirar más allá de la apariencia a la esencia del asunto. Porque Dios es Espíritu y Él ha creado todas las cosas, en la base de todo lo que vemos físicamente esta la esencia de una realidad espiritual. Hay una realidad espiritual expuesta (desvelada) que es la esencia de todas las cosas físicas, pero esta realidad sólo puede ser vista con ojos espirituales (I Corintios 2:14-16).

Todo esto parece un poco confuso, así que volvamos a lo que podemos entender más fácilmente.

Si queremos ser capaces de reconocer que lo que estamos viendo es verdad, necesitamos saber su naturaleza, o "lo que es." Hay algunas características muy puntuales que podemos conocer sobre la verdad espiritual que nos ayudarán a entender lo que estamos viendo.

Características de La Verdad

2. Lea los pasajes siguientes y anote lo que es la verdad espiritual y / o lo que hace la verdad espiritual.

a. Juan 3:21; Salmo 119:105

_____

_____

b. Salmo 12:6

_____

_____

c. Efesios 5:8-9

_____

_____

d. Tito 1:1

_____

_____

e. Lea 1 Juan 3:18-19 aquí abajo. ¿Cómo demuestras la verdad y por qué?

"¹⁸ Hijitos míos, no amemos de palabra ni de lengua, sino de hecho y en verdad. ¹⁹ Y en esto conocemos que somos de la verdad, y aseguraremos nuestros corazones delante de él"

_____

_____

Características Del Engaño

Otra forma de entender lo que algo es, viene a través de ver lo que no es. Si la verdad es la antítesis del engaño, podemos aprender mucho sobre la verdad mediante la comprensión de la naturaleza del engaño.

Parecería que las características del engaño son fáciles de determinar, pero tenemos que verlas desde una perspectiva espiritual.

3. Lea los pasajes de abajo y escriba lo que es el engaño, y lo que hace el engaño.

a. I Corintios 3:18-23

_____

_____

b. Efesios 5:6

_____

_____

c. Salmo 12:1-4

_____

_____

d. I Juan 1:5-8; I Juan 2:3-6

_____

_____

La Naturaleza del Falso Pastor

¿Cómo sabemos cuándo estamos escuchando "palabras vacías" como vimos en Efesios 5:6? ¿Cómo podemos saber si ese predicador de televisión con su gran iglesia y todos sus libros o el pastor o maestro en una pequeña iglesia familiar no es uno de los descritos en 2 Pedro 2? El tamaño de la iglesia y el número de libros que ha escrito no demuestra la veracidad espiritual de nadie. Tampoco el sentido de pertenencia o familiaridad que un pastor inspira en la iglesia más pequeña. Recuerde, no se trata de números, se trata del mensaje, el énfasis y la naturaleza del mensajero.

4. Revise la tabla siguiente. Busque cada pasaje y anote en el lugar apropiado lo que aprende.

Su Naturaleza (¿Cómo son?)	Sus Obras (¿Qué hacen?)	Su fin (¿que sucederá?)
Mateo 7:15-23		
2 Pedro 2:13-15		
2 Pedro 2:17-19		

¿Cómo sabemos cuándo la persona que declara la "verdad" es fiel a la Palabra y al Espíritu del Dios Viviente?

Sabemos por su naturaleza y su motivación.

De los *Estudios en el Sermón del Monte* de Martin Lloyd Jones:

> "El falso profeta es un hombre que no tiene 'puerta estrecha' ni 'puerta angosta' en su evangelio. No tiene nada que sea ofensivo para el hombre natural; A todos les agrada. Él está en "ropa de oveja", tan atractiva, tan agradable, tan agradable de mirar. Él tiene un mensaje agradable, cómodo y reconfortante. Le complace a todo el mundo y todo el mundo habla bien de él. Nunca es perseguido por su predicación, nunca es criticado severamente. Es elogiado por los liberales y

los modernistas, es elogiado por los evangélicos, es alabado por todos. Él es todas las cosas para todos los hombres en ese sentido; No hay 'puerta estrecha' sobre él, no hay 'camino estrecho' en su mensaje, no hay 'ofensa de la cruz' ".

¿Cuál debe ser la naturaleza del pastor? La respuesta es simple. Los pastores del rebaño de Dios deben ser como el Gran Pastor, Jesucristo. Todos los pastores deben vivir como Jesucristo con Su enfoque y propósitos. Y aunque sean humanos y no sean perfectos, deben conformarse a la naturaleza de su Maestro.

5. Lea los pasajes abajo y escriba cómo Jesús vivió, y cómo Él dirigió Sus discípulos.

a. Mateo 8:20

_____

_____

_____

b. Mateo 6:19-21, 24

_____

_____

_____

c. Mateo 10:/-11

_____

_____

_____

d. Juan 13:3-17

_____

_____

_____

Jesús es La Verdad

Debemos conocer al Jesús de la Biblia, no al Jesús de nuestra cultura moderna. A través de las páginas de la historia cristiana, vemos que la visión común de Jesús nació a menudo de la necesidad humana y de los deseos carnales del hombre. El Verbo hecho carne, que es la Verdad de Dios que Él envió a la tierra, era muy diferente. En esta sección sólo examinaremos la naturaleza de Jesucristo en relación con las características naturales de la Verdad.

1.	Lea los pasajes siguientes. Anote lo que aprende acerca de Jesús que le ayude a entender la naturaleza de la verdad.

	a.	Hebreos 13:8-9

_____

_____

_____

	b.	Juan 1:1-12. Considere las características de la luz: ¿qué hace la Luz?

_____

_____

_____

_____

	c.	Juan 17:17. Jesús fue consagrado; Puro y separado sólo para los propósitos de Dios.

_____

_____

_____

Basado en estas características simples de Cristo, podemos ver que la Verdad es:
*	Inmutable. No cambia
*	Luz. Trae vida y expone lo que hay en la oscuridad: ilumina nuestro camino.
*	Pura. No estaba contaminada por lo que le rodea.

La Palabra de Dios no cambia, Él (Jesús) es desde la eternidad y hasta la eternidad y aunque el mundo y todos sus sistemas pasarán, la verdad de Dios permanecerá para siempre.

Jesús (la Verdad) es Luz y Él expone lo que está en la oscuridad-Él trae vida y revela la manera en que debemos vivir.

Jesús fue puro y separado para la voluntad del Padre. El mundo no podía hacer que Él cambiara o se comprometiera. No se vio afectado por la actual visión del mundo. Su verdad no cambió dependiendo de con quien Él estaba o a quien Él estaba tratando de alcanzar.

Hemos visto que la verdad brota naturalmente del amor. Expresa lo que se ajusta a la realidad espiritual de Dios. La verdad se ve y se conoce a través de sus acciones.

La verdad camina en obediencia a los mandamientos del Señor. No es parcial. No está motivada por la lujuria o la auto-ganancia. La verdad es confiable, eterna; Es fiel y genuina.

La verdad espiritual no se ve con ojos físicos o naturales - se ajusta a la naturaleza misma de Jesucristo porque Él es la Verdad.

Conociendo la Verdad $\quad$ 4

"Y esta es la vida eterna: que te conozcan a ti, el único Dios
verdadero, y a Jesucristo, a quien has enviado."

— JUAN 17:3 RV60

Clasificando La Verdad

En la mayoría de las culturas occidentales de hoy, hay grandes cantidades de recursos
cristianos. Con la televisión, Internet y todas las redes sociales, los recursos cristianos
están literalmente a nuestro alcance. La cantidad de información—sea buena o mala—es
interminable. Sin embargo, sabemos que sólo porque algo se publica en Internet no
lo hace cierto. Cualquier persona puede tener su marca personal de "verdad" en el ojo
público. Entonces, ¿cómo podemos clasificar todo esto?

Por favor, sepan que hay muchos que hablan en nombre de nuestro Señor y traen gran
verdad espiritual a la iglesia. Hay muchos cuyos corazones son puros y que enseñan
el significado y la plenitud del mensaje de Jesucristo. Estas personas y organizaciones
están haciendo un gran trabajo en darle la gloria a nuestro Dios y Salvador Jesucristo.
Desafortunadamente también hay muchos que no lo son. Hay quienes buscan llenar sus
bolsillos, y aman la gloria personal, mientras que otros promueven las cosas que atraerán
a las masas para su propio beneficio, todo en el nombre de Jesucristo.

Entonces ¿Dónde comenzamos a saber qué es de Dios y qué no? Una vez más requiere
discernimiento espiritual u ojos espirituales.

Para discernir la verdad espiritual del error debemos mirar de cerca tres cosas:

- Su naturaleza
- Su mensaje, y
- Su enfoque o énfasis

Conociendo El Mensaje

Hay muchos evangelios predicados hoy en el nombre de Jesucristo, pero sólo un
Evangelio es verdadero. Es imperativo que estamos escuchando y respondiendo al
mensaje de Jesucristo.

La palabra "evangelio" significa buenas noticias. Para entender si estamos escuchando y siguiendo Su verdad debemos mirar las promesas y enseñanzas de las "buenas nuevas" que son proclamadas para ver si se alinean con lo que Dios ha hablado a través de Jesucristo y Sus apóstoles.

Hay quienes enseñan un evangelio en el nombre de Jesús, pero ellos dejan fuera las partes que son "ofensivas" a nuestra naturaleza pecaminosa. Otros ponen un gran énfasis en las cosas que creen que atraerán a las multitudes, haciendo promesas vacías que hacen que los oyentes se sientan bien. Solo dicen a la gente lo que quieren oír (2 Timoteo 4:3-4).

El Evangelio de Jesucristo

1. Lea los pasajes siguientes y registre el Evangelio que Jesús predicó y lo que prometió.

   a. Mateo 10:32-39

   _____

   _____

   _____

   _____

   _____

   b. Mateo 16:24-26

   _____

   _____

   _____

   _____

   _____

   c. Juan 6:35-37, 40

   _____

   _____

   _____

   _____

   _____

Jesús requeria mucho de los que querían entrar por la puerta ancha y caminaban por el sendero estrecho. Hay mucho más que podríamos explorar sobre la caminata de la fe como discípulo, pero por el bien de este estudio nos enfocaremos en lo que significa ser un seguidor y discípulo de Jesucristo.

2.   Resuma lo que ha aprendido sobre el Evangelio que Jesús predicó.

_____

_____

_____

A continuación, examinaremos brevemente el Evangelio que Sus apóstoles predicaron después que Cristo regresó al Padre. Esto es muy importante saberlo puesto que esto nos dirá las cosas que son necesarias.

El Evangelio Según Pedro

Después de que Jesús regresó al Padre, Él envió Su Espíritu a la iglesia en el Día de Pentecostés. El Espíritu de Dios Viviente cayó sobre los discípulos y milagrosamente comenzaron a predicar el Evangelio en las diferentes lenguas y dialectos del pueblo reunido en Jerusalén.

3.   Lea Hechos 3:11-26 y anote los puntos principales del Evangelio.

_____

_____

_____

_____

_____

El Evangelio Según Pablo

El Apóstol Pablo escribió un tratado muy largo y profundo sobre el Evangelio de la fe que trae salvación en su carta a los Romanos. Él hace una declaración muy concisa concerniente al Evangelio en Romanos 10.

4.   Lea Romanos 10:8-13 e indique lo que Pablo dice que uno debe hacer para ser salvo.

_____

_____

_____

_____

5. Resuma lo que ha aprendido sobre el Evangelio de Jesucristo según Pedro y Pablo.

_____

_____

_____

_____

_____

Conociendo el Camino de La Verdad

Más allá del entendimiento del Evangelio, de lo que es la puerta estrecha o el camino angosto (Mateo 7:13-14), ¿cómo podemos saber si estamos en el camino estrecho de la verdad de Dios? El énfasis de cualquier mensaje o ministerio le dirá si su evangelio es puro y su camino es verdadero.

Martin Lloyd Jones escribe en su libro Estudios en el Sermón del Monte

> "De alguna manera nos hemos apoderado de la idea de que el error es sólo lo que es escandalosamente equivocado; Y no parece que entendamos que la persona más peligrosa de todas es la que no enfatiza las cosas correctas."

En otras palabras, sus prioridades no son de Dios. Para discernir si estamos escuchando y siguiendo la verdad debemos entender la naturaleza de Dios, sus propósitos y sus prioridades.

Entonces ¿Por dónde empezamos? Es un poco abrumador pensar que necesitamos conocer esas cosas grandes y sublimes para estar seguros de que estamos siguiendo el camino de la verdad, pero recuerden que tenemos el Espíritu Santo. Mientras buscamos la verdad con estas cosas en mente Él nos enseñará y nos conducirá a toda la verdad. Sin embargo, todo creyente en Cristo personalmente debe buscar, conocer y comprender lo que es Dios (Su naturaleza), lo que está haciendo (Sus propósitos) y lo que es importante para Él (Sus prioridades).

Conociendo La Naturaleza De Dios

En este estudio no podemos alcanzar las profundidades de Su naturaleza; eso nos tomaría toda una vida. Sin embargo, comprender cómo podemos conocer personalmente su naturaleza nos ayudará mientras buscamos discernir Su verdad. La comprensión de la naturaleza de Dios será como una guía que señala el camino.

Cuando queremos conocer a una persona, empezamos haciendo preguntas. La principal manera de comenzar a conocer la naturaleza de Dios es desarrollar el hábito de hacer preguntas y es en Su Palabra que encontraremos las respuestas. No solo debemos leer las palabras o nombres de Dios que no entendemos. Debemos buscar las definiciones de palabras o sustantivos descriptivos que nos hablen de Dios y luego meditar en ellos. Su Espíritu nos revelará cómo es y qué significa para nuestras vidas.

Conociendo Sus Propósitos

Comprender lo que Dios está haciendo es crucial para nosotros si vamos a permanecer en Su camino de la verdad. Según el Evangelio de Jesús que ya hemos estudiado, debemos negar nuestros propios planes y propósitos para seguirlo. Para seguirlo debemos entender lo que Él está haciendo y evaluar si estamos en línea con Él y Su verdad. ¿Cómo hacemos esto?

De principio a fin en las Escrituras podemos ver que Dios tiene un propósito principal: el propósito de la restauración. Para comprender esto, necesitamos conocer y entender lo que Dios está restaurando a través de Su Hijo, Jesucristo.

1. Lea las siguientes declaraciones sobre los propósitos de Dios y busque los pasajes. Escriba un breve resumen para cada uno.

   a. Él está restaurando Su relación con el hombre
      Romanos 5:10-11; Juan 15:13-15

   _____

   _____

   _____

   b. Él está restaurando Su reputación en la tierra
      Ezequiel 36:22-27

   _____

   _____

   _____

   c. Él está restaurando Su dominio sobre la tierra, comenzando en el
      corazón del hombre Romanos 8:18-22; Romanos 14:9

   _____

   _____

   _____

Para saber si estamos oyendo y caminando en la verdad, debe haber restauración. Todo lo que Dios hace, nace de Sus propósitos de restauración. Siempre debemos evaluar si este es el camino en el que estamos.

Conociendo Las Prioridades De Dios

Las prioridades de Dios siempre reflejarán Su naturaleza y propósitos. Una vez más debemos recordar si estamos caminando en la verdad de Dios, nuestras prioridades siempre se alinearán con las suyas. Aquellos que proclaman su verdad harán de ella su prioridad. Su ministerio y mensaje reflejarán la naturaleza, los propósitos y las prioridades de Dios.

¿Cuáles son las prioridades de Dios basadas en Su Palabra?

2.   Lea las siguientes afirmaciones y busque los pasajes. Escriba un resumen para cada uno.

     a.   Cosas eternas antes que posesiones y circunstancias temporales; Mateo 6:24

_____

_____

     b.   Las cosas espirituales antes que las físicas;
Nota: Él sanó y realizó milagros que señalaban a Dios y Su reino para dar oportunidad y entrada al Evangelio del arrepentimiento y para revelar la compasión y poder de Dios. La sanación misma no era el Evangelio.
Romanos 8:18; Filipenses 3:7-21

_____

_____

     c.   Lo Interno (motivos del corazón) antes que lo externo (comportamiento); Mateo 23:25-28

_____

_____

     d.   El Amor antes que la ley; Mateo 22:36-40

_____

_____

     e.   El arrepentimiento que lleva a la obediencia en vez de ritual religioso; Salmo 51:15-17

_____

Para algunos de nosotros puede parecer que el camino de la verdad que estamos viendo está lejos de nuestro camino actual. Algunos de nosotros podemos estar en un camino "cristiano" que ha sido prescrito por una iglesia o sistema de creencias en particular, pero no parece seguir el mismo camino de Jesucristo. Este camino de morir a nosotros mismos, nuestros planes y propósitos y renunciar a nuestra propia alma parece demasiado difícil. Simplemente no sabemos cómo hacerlo.

Algunos en su lucha por encontrar su camino a la verdad están tan cansados y golpeados que ni siquiera tienen la fuerza para volver sus ojos hacia Él. En esos tiempos debemos clamar a Jesús, Él vendrá y nos llevará de nuevo a donde pertenecemos.

Y puede ser que otros han entrado por la puerta estrecha-Jesucristo, pero han vagado por el camino estrecho de la verdad. Usted puede haber ido muy lejos y no sabe cómo encontrar el camino de regreso. Llámele a Él, Él es el camino de regreso a casa.

O tal vez necesitamos entrar en la puerta estrecha primero para que podamos estar en el camino correcto; El camino de Jesucristo. Si ese es su caso, sepa que Él le ha traído a este lugar, ahora mismo, con ese propósito.

Jesús afirmó que Él es el camino, la verdad y la vida y nadie puede ser restaurado a una relación con el Padre a menos que vengan a través de Él.

Hemos aprendido que para recibir la vida espiritual eterna y ser restaurado al Padre debemos creer que Jesús murió en la cruz y tomó el castigo de nuestro pecado. Debemos reconocer que, si somos religiosos, o una buena persona según los estándares mundanos, o hemos vivido una vida de inmoralidad egoísta; Necesitamos un Salvador y Señor. Dios no quiere nuestra religión o nuestra bondad. Él quiere su corazón, su mente y sí, su misma alma.

También hemos aprendido que, si confesamos que Él es el Señor, seremos salvos del camino que conduce a la muerte. Él nos pondrá en el camino que conduce a la verdad y la vida y a la misma presencia de Dios Viviente. La Biblia también dice: "que si confesamos nuestros pecados, Él es fiel y justo para perdonar nuestros pecados, y limpiarnos," entonces Su Espíritu vendrá a vivir dentro de nosotros.

Necesitamos saber lo que significa confesar. En los tiempos bíblicos confesar significaba más que hablar en voz alta. Significaba estar en completo acuerdo dentro del alma sobre lo que estábamos diciendo con nuestras bocas.

Esto significa que debemos estar de acuerdo con Dios de que hemos estado en el camino equivocado. Necesitamos estar de acuerdo con Dios que somos pecadores, que nuestros corazones han estado lejos de Él y que necesitamos Su perdón.

También necesitamos confesar que Él es nuestro Señor. El Señor no es sólo Su nombre, debe ser Su posición en nuestras vidas. Si Él es el Señor, entonces nuestras vidas ya no son nuestras y debemos vivir para amarle y servirle. Esto va mucho más allá de la religión y nos mueve a una relación cambiante con Dios que es real, íntima y llena de alegría, mientras vivimos nuestro propósito. Ahora podemos cumplir con la razón por la que fuimos creados.

El evangelio que hemos estado estudiando es un evangelio de arrepentimiento. El arrepentimiento no es sólo pedirle a Dios que nos perdone. Está cambiando la dirección y el camino en el que estamos. Debemos elegir abandonar el sendero amplio, nuestra actual forma de vida centrada en nosotros mismos, y elegir seguir Su camino, viviendo para Él. Usted puede hacer esta decisión ahora mismo.

- Dígale que lo necesita
- Pídale que le perdone por vivir aparte de Él y que le perdone por el pecado que usted sabe que ha cometido
- Pídale a Él que entre en su mismo ser para vivir
- Dígale que usted le está dando Su vida para que Él gobierne y haga como El desea

Así como Jesucristo fue resucitado de los muertos físicamente, ahora ustedes han sido resucitados de entre los muertos espiritualmente. Debido a su increíble bondad, Él les ha dado una vida espiritual con Él que nunca terminará. Esta nueva vida que nunca podría haber obtenido siendo una buena persona o alguien muy religioso. ¡Ahora Él nos ha puesto en el camino estrecho de la verdad!

Hemos visto a través de este estudio que permanecer en el camino estrecho requiere de un enfoque intencional. Sin embargo, la intención en sí misma no es suficiente. Todos conocemos el dicho "el camino al infierno está pavimentado con 'buenas intenciones'." Así que si las "buenas intenciones" no son suficientes, entonces ¿Qué lo es?

No se trata de hacer o de no hacer. Se trata de enfoque y gracia. Se nos ha dado la gracia de Dios y el poder del Espíritu Santo. No tenemos la capacidad de permanecer en el camino de la verdad por nuestra cuenta. Necesitamos de la bondad inmerecida de Dios para seguir caminando en la dirección correcta y del poder de Su Espíritu dentro de nosotros para motivarnos y fortalecernos.

> 12 Por tanto, amados míos, como siempre habéis obedecido, no como en mi presencia solamente, sino mucho más ahora en mi ausencia, ocupaos en vuestra salvación con temor y temblor, 13 porque Dios es el que en vosotros produce así el querer como el hacer, por su buena voluntad. (Filipenses 2:12-13).

Así que debemos elegir enfocarnos intencionalmente en conocer la naturaleza de Dios, sus propósitos y sus prioridades mientras caminamos por este camino de la verdad mientras nos lanzamos sobre Él con total confianza en Su gracia asombrosa, constantemente pidiéndole que nos capacite con Su Espíritu y Él nos mantendrá allí.

El Poder de la Verdad

5

> "el cual, siendo el resplandor de su gloria, y la imagen misma
> de su sustancia, y quien sustenta todas las cosas con la palabra
> de su poder,"
>
> — HEBREOS 1:3a RV60

Considerando El Poder de la Verdad

"La Palabra de Dios es la Verdad" es una declaración simple pero poderosa. Si la definición de verdad es "aquello que se ajusta a la realidad aparte de nuestra experiencia percibida" entonces podemos entender que la Palabra de Dios es real. Es una realidad tangible, viva, que respira. Hay poder en la verdad porque hay poder en la Palabra de Dios.

Pensemos por un momento en lo que la Palabra de Dios ha hecho. Por su Palabra Dios creó todo lo que existe (Juan 1: 1-2) y el poder de Su Palabra lo mantiene todo junto (Hebreos 1:3). A la Palabra de Jesús, los muertos fueron resucitados, las tormentas fueron calmadas, los demonios huyeron, los leprosos fueron sanados, los cojos caminaron y los ciegos pudieron ver. En la Palabra de Jesús, el amor fue derramado, los pecados fueron perdonados y lavados, y en la Palabra de Jesús la vida espiritual fue soplada en el alma del hombre.

Aunque estas cosas son reales y poderosas, a veces parecen tan lejanas y parecen tener poco que ver con la vida de hoy. Entonces, ¿dónde está hoy el poder de la Verdada de la Palabra?

El Poder de La Palabra

Jesús vivió hace más de 2000 años. ¿Puede su Palabra tener el mismo poder hoy que el que tuvo entonces? Jesús nos dice en Juan capítulos 13-16 que cuando Él regrese al Padre Él enviaría al Espíritu Santo el Espíritu de la Verdad para estar con nosotros y en nosotros.

1.   Lea Juan 14:12 y anote lo que aprenda

_____

_____

¿Cómo podría ser esto? Él es el Hijo de Dios. ¿Realmente quiere decir que haremos cosas mejores? ¿Qué podría ser mejor que levantar a los muertos, sanar a los enfermos y calmar los mares?

2.   Lea Juan 14:16-26, 15:1-11 y anote en el lugar apropiado del siguiente cuadro lo que aprende.

El función del Espíritu Santo	La Actividad y Poder de la Palabra	La Responsabilidad del Discípulo

El Espíritu Eterno de la Verdad vive en el discípulo. Cuando el discípulo tiene la Palabra de Dios permaneciendo en su corazón, el Espíritu de Verdad toma la Palabra de Dios y trae poder a la vida del discípulo.

Pero, ¿qué hace ese poder? ¿Qué logra? ¿Cómo lo logra?

Oswald Chambers, escribiendo sobre la Autoridad de la Verdad en su libro "En Pos de lo Supremo", dice:

"…el mensaje evangélico siempre debe llevarlo a la acción. Rehusarse a actuar deja a una persona paralizada, exactamente donde estaba antes. Pero una vez que actúa, nunca es el mismo …. Una vez que me obligo a la acción, inmediatamente comienzo a vivir. Cualquier cosa menos es meramente existir. Los momentos que realmente vivo son los momentos en que actúo con toda mi voluntad.

Cuando la verdad de Dios impacta fuertemente a su alma, nunca permita que pase sin actuar en ella, internamente, en el centro de su voluntad, no necesariamente externamente en su vida física. Grabe ese momento con tinta y con sangre y permítale trabajar en su vida. El santo más débil que realiza negocios con Jesucristo es liberado al segundo en que la verdad actúa y el poder todopoderoso de Dios está disponible en su nombre. Llegamos a la verdad de Dios, confesamos que estamos equivocados, pero regresamos otra vez. Entonces nos acercamos otra vez y volvemos otra vez hasta que finalmente aprendemos que no tenemos ningún razón para ir atrás. Cuando nos enfrentamos a la verdad de la palabra de nuestro Señor redentor, debemos pasar directamente a trabajar con Él. 'Venid a mí ...' (Mateo 11:28). La palabra venir significa "actuar". Sin embargo, lo último que queremos hacer es venir. Pero todos los que vienen saben que, en ese momento, el poder sobrenatural de la vida de Dios lo invade. El poder dominante del mundo, la carne y el diablo están ahora paralizados; No por su acto, sino porque su acto le ha unido a Dios y Su poder redentor le ha tocado."

El Poder Para Salvar

Jesús vino a la tierra para traer la salvación a la humanidad y traer al hombre a una relación correcta con el Padre de nuevo. Él vino a salvar al hombre de la devastación del pecado y su eterno castigo de separación del Padre. Jesús vino con el Evangelio del arrepentimiento para salvar.

3. Lea los siguientes versículos y escriba la función de la Palabra de Dios en la salvación

    a. Romanos 10:8-13

    _____

    _____

    b. Santiago 1:21

    _____

    _____

El Poder de La Vida Espiritual

Jesús trajo la salvación al hombre, pero Él no terminó allí. Él salvó al hombre de la pena del pecado y luego le trajo vida espiritual para que el hombre pudiera experimentar una relación con su Creador. Cuando el hombre es salvo, su espíritu se une con el Espíritu de Dios y se anima al sonido de la voz de Dios y la obra del Espíritu Santo.

4. Lea los siguientes versículos y escriba cómo le dieron vida espiritual.

    a. Juan 5:24

    _____

    _____

b.   I Pedro 1:23

_____

_____

El Poder Para Derrotar Al Enemigo

El poder de la Palabra de Dios es nuestra arma para destruir al enemigo. Sin ella no tenemos capacidad para soportar la guerra espiritual en la que estamos.

5.   Lea el siguiente pasaje y anote cómo Jesús usó las Escrituras para derrotar al diablo.

a.   Mateo 4:1-11

_____

_____

_____

b.   Efesios 6:13-17. Tome algún tiempo visualizando la armadura de Dios. ¿Cuál es el propósito específico de la espada? ¿Qué papel tiene la Palabra de Dios?

_____

_____

Debemos tener en cuenta que sólo la memorización de las Escrituras y el citarla cuando sentimos que estamos siendo tentados o vemos al enemigo atacándonos, tiene poca o ninguna habilidad para afectar la batalla en la que estamos. Es importante entender el mensaje de lo que estamos diciendo. En el pasaje de Mateo 4 que estamos estudiando se puede ver que Satanás citó las Escrituras y él es el enemigo. Comprender el significado de la escritura nos ayuda a ser capaces de aplicar la verdad cuando y donde sea apropiado para que podamos permanecer en la autoridad de Cristo. Cuando no sabemos el significado de la escritura que citamos, estamos en riesgo de ser auto engañados. Es imperativo que hagamos algo más que simplemente memorizar las Escrituras. Necesitamos estudiar su significado.

El Poder Para Santificarle

La palabra "santificar" o "santificación" no se usa hoy en nuestro lenguaje. Normalmente no lo vemos aparte de en la Biblia, así que es importante entender lo que significa.

6.   Busque la palabra "santificar" en el diccionario y escriba una breve definición.

_____

_____

El concepto bíblico de la santificación era limpiar un objeto o purificarlo. Después de su purificación se separaría del uso diario y sólo se usaría para el ministerio en el Templo de Dios. Se decía que estaba "apartado para Dios." Reflexionen sobre este concepto mientras consideran cómo la Palabra de Dios podría limpiarlos y apartarlos del mundo para el servicio de Dios.

7.   Lea los pasajes siguientes y anote lo que dicen sobre la Palabra.

a.   Juan 17:17

_____

b.   2 Tesalonicenses 2:13

_____

_____

El Poder Para Liberarle

Dios nos ha salvado para darnos libertad.

8.   Lea los pasajes siguientes y anote lo que dicen de la Palabra y cómo nos libera.

a.   Juan 8:31-33

_____

_____

b.   Lucas 4:18-19. Nota: la libertad del "cautiverio" es liberarse del pecado.

_____

_____

El Poder Para Transformar El Alma

La transformación del alma está en el corazón de todo lo que Dios está haciendo en aquellos que Él ha salvado y liberado de la esclavitud del pecado. La transformación del alma es una obra de por vida y es una parte importante de la santificación de la que hablamos anteriormente. Dios desea cambiarnos para reflejar la naturaleza de Su Hijo Jesucristo en nosotros.

9.   Lea los pasajes siguientes y describa la función que la Palabra de Dios tiene en la transformación del alma del hombre.

a.   Hebreos 4:12-13

_____

_____

b.   I Pedro 1:22–2:1-3

_____

_____

_____

_____

_____

c.   2 Timoteo 3:14-17

_____

_____

_____

Hay poder en la Palabra de Dios para hacer la obra eterna de Su Santo Espíritu. La verdad de Dios es viva y capaz de limpiarnos, liberarnos, capacitarnos contra los ataques del enemigo y cambiarnos por siempre para reflejar Su carácter y Su naturaleza. Recibimos la salvación cuando creemos que la Palabra y nuestros espíritus están unidos con el Espíritu de la Verdad. El poder de la Palabra nos ha dado nueva vida espiritual.

"De modo que, si alguno está en Cristo, nueva criatura es; las cosas viejas pasaron; he aquí todas son hechas nuevas."

— II CORINTIOS 5:17 RV60

Verdaderamente hay poder en la Palabra de Dios.

Viviendo en La Verdad 6

"Muéstrame, oh Jehová, tus caminos; Enséñame tus sendas.
Encamíname en tu verdad, y enséñame, Porque tú eres el Dios de
mi salvación; En ti he esperado todo el día."

— SALMO 25:4-5 RV60

De La Información a La Fe

Desde nuestra perspectiva humana, el conocimiento en forma de hechos o información se convierte en la verdad cuando pasa de la información en nuestra mente a una convicción moral en nuestra alma. Sin embargo, los hechos no se convierten en verdad para nuestras almas hasta que la convicción moral actúa sobre la voluntad individual y ésta es fortalecida por el poder del Espíritu del Dios Viviente.

Lea Filipenses 2:12-13 de la Nueva Traducción Viviente:

"^{12} Por tanto, amados míos, como siempre habéis obedecido, no como en mi presencia solamente, sino mucho más ahora en mi ausencia, ocupaos en vuestra salvación con temor y temblor, ^{13} porque Dios es el que en vosotros produce así el querer como el hacer, por su buena voluntad."

En pocas palabras, la información en nuestra mente debe ser vivida por una acción de nuestra voluntad, y facultada en fé por el Espíritu Santo para convertirse en realidad espiritual en nuestras almas. La verdad debe ser vivida.

A.W. Tozer escribió en "La Verdad Debe Ser Vivida:"

"Durante mucho tiempo he creído que la verdad, para ser entendida, debe ser vivida; Que la doctrina bíblica es totalmente ineficaz hasta que ha sido digerida y asimilada totalmente por la vida. . . . La verdad en las Escrituras es más que un hecho. Un hecho puede ser separado, impersonal, frío y totalmente desasociado de la vida. La verdad, por otra parte, es cálida, viva y espiritual. Un hecho teológico puede mantenerse en la mente durante toda la vida sin que tenga ningún efecto positivo sobre el carácter moral; Pero la verdad es creativa, salvadora, transformadora, y siempre cambia a quien la recibe en un hombre más humilde y santo. ¿En qué momento, pues, un hecho teológico se hace real para quien lo tiene como una verdad vivificante? En el punto donde comienza la obediencia. Cuando la fe obtiene el consentimiento de la voluntad para hacer un compromiso irrevocable con Cristo como Señor, es a partir de ahí que la verdad comienza su obra salvadora e iluminadora; y no un momento antes. . . . La iglesia muerta se aferra a la cáscara de la verdad sin entregarle la voluntad, mientras que la iglesia que quiere hacer la voluntad de Dios es inmediatamente bendecida con la visita del Espíritu . . . La verdad no puede ayudarnos hasta que no somos partícipes de ella. Sólo tenemos lo que experimentamos."

1.   Lea Santiago 1:21-25

    a.   ¿Cuál es el poder de la Palabra?

_____

_____

    b.   ¿Cómo se entiende el poder de la Palabra?

_____

_____

Santiago continúa diciendo que la "ley real" es "amar a tu prójimo como a ti mismo" (Santiago 2:8).

2.   Lea Santiago 2:14-26 abajo y contesta las preguntas que siguen.

"[14] Hermanos míos, ¿de qué aprovechará si alguno dice que tiene fe, y no tiene obras? ¿Podrá la fe salvarle? [15] Y si un hermano o una hermana están desnudos, y tienen necesidad del mantenimiento de cada día, [16] y alguno de vosotros les dice: Id en paz, calentaos y saciaos, pero no les dais las cosas que son necesarias para el cuerpo, ¿de qué aprovecha? [17] Así también la fe, si no tiene obras, es muerta en sí misma. [18] Pero alguno dirá: Tú tienes fe, y yo tengo obras. Muéstrame tu fe sin tus obras, y yo te mostraré mi fe por mis obras. [19] Tú crees que Dios es uno; bien haces. También los demonios creen, y tiemblan. [20] ¿Mas quieres saber, hombre vano, que la fe sin obras es muerta? [21] ¿No fue justificado por las obras Abraham nuestro padre, cuando ofreció a su hijo Isaac sobre el altar? [22] ¿No ves que la fe actuó juntamente con sus obras, y que la fe se perfeccionó por las obras? [23] Y se cumplió la Escritura que dice: Abraham creyó a Dios, y le fue contado por justicia, y fue llamado amigo de Dios. [24] Vosotros veis, pues, que el hombre es justificado por las obras, y no solamente por la fe. [25] Asimismo también Rahab la ramera, ¿no fue justificada por obras, cuando recibió a los mensajeros y los envió por otro camino? [26] Porque como el cuerpo sin espíritu está muerto, así también la fe sin obras está muerta."

3. Resuma el tema de lo que Santiago escribió.

_____

_____

_____

4. ¿Qué evidencia hay de que el pueblo al que Santiago se dirigía no conocía la verdad?

_____

_____

5. Con la base en lo que ha aprendido acerca de la diferencia entre el conocimiento y la verdad, ¿Qué poseían ellos, conocimiento o verdad?

_____

6. ¿Cómo se convierte el conocimiento en verdad en la vida de aquellos que profesan fe en Jesucristo?

_____

_____

Creando Un Ambiente Para La Verdad

Para que la verdad se arraigue en nosotros de una manera que se pueda ver a través de cómo vivimos, debemos crear un ambiente donde la verdad pueda crecer y prosperar. El ambiente dentro de nuestra alma determinará si la verdad puede arraigarse dentro de nosotros o no. Hay muchas cosas que pueden impedir que la verdad se establezca en nuestras almas.

1. Lea Lucas 8: 4-15. Y teniendo en cuenta esto responda las siguientes preguntas:

   La semilla = La Palabra de Dios
   El sembrador = El Padre
   El suelo = El alma del hombre

   a. Si el suelo representa el alma, ¿cómo se convierte el suelo en un camino? ¿Qué significa esto para el alma?

   _____

   _____

   b. ¿Qué debe suceder para que la semilla (verdad) se pueda arraigar?

   _____

c.   ¿Qué podrían representar las rocas en tu alma?

_____

_____

d.   ¿Qué tiene que pasar con las rocas?

_____

_____

e.   Si las espinas son las cosas y los afanes de este mundo, enumere las cosas que ahogan la verdad de Dios en su vida.

_____

_____

Crear un ambiente donde la verdad puede prosperar requiere tratar a un corazón endurecido e implacable que ha sido herido y pisoteado por otros. Crear este ambiente apropiado requiere que traigamos la realidad de la condición de nuestra alma a nuestro Salvador pidiendo a Su Espíritu que revele y quite el pecado escondido dentro. El Espíritu de Dios puede entonces traer agua y vida a nuestro mundo interior. Esto significa que tendremos que quitar las cosas de este mundo que nos distraen y ahogan la verdad a medida que trata de crecer dentro de nosotros.

Vivir en La Verdad es Llevar Fruto

Cuando la Palabra de Dios mora en nuestras almas, ella mora dentro de nuestra vida interior y produce fruto que permanece. Esta es la definición misma de vivir en la verdad. El simple conocimiento de Dios ("los hechos") a menudo produce frutos que no tienen poder para llevar vida al alma o para llevar vida espiritual a otra persona. El solo conocimiento (los hechos) acerca de Dios que llena nuestras mentes conduce al deber, pero cuando el conocimiento se convierte en una convicción moral del alma (fe) y es fortalecido por el Espíritu de la Verdad, este conocimiento conduce a la devoción. "Llevar fruto" es vivir en la Verdad.

1.   Busque la palabra "permanezca" en su diccionario y anote su definición.

_____

_____

2.   Lea Juan 15:7-11 y resuma lo que aprende.
      Tenga en cuenta que algunas versiones usan la palabra "quedarse" en lugar de la palabra permanecer. Sin embargo "permanecer" parece comunicar más exactamente la intención del significado griego, la palabra griega que se ha

traducido para "permanecer" significa tener residencia en o morar en un lugar específico, estar en casa o en un lugar al que se pertenece.

_____

_____

_____

La Palabra de Dios debe permanecer en nosotros y cuando lo hace "daremos fruto". El fruto es la evidencia de la vida y salud del árbol. Esto identifica al árbol y lleva un producto —un fruto—que se reproduce a sí mismo. También alimenta a los que tienen hambre.

3. Describa abajo lo que este ejemplo visual significa cuando lo relaciona con la vida espiritual del creyente en Cristo.

_____

_____

4. Lea Juan 15: 1-7 y describa, respondiendo a las preguntas, las caracteristicas de las diferentes partes de esta ilustración.

El Labrador – El Padre

a. ¿Describa las características de un buen Labrador? ¿Cómo es él?

_____

_____

b. ¿Cómo cuida un labrador de la vid? ¿Qué hace?

_____

_____

c. ¿Qué le dice esto acerca del Padre?

_____

_____

La Viña – Jesús

d. ¿Describa las características de una vid? ¿A qué se parece?

_____

_____

e.   ¿Qué hace una vid? Describa su propósito.

_____

_____

f.   ¿Qué le dice esto acerca de Jesús?

_____

_____

_____

La rama - El Discípulo

g.   ¿Cómo es una rama?

_____

_____

h.   ¿Qué hace una rama?

_____

_____

i.   ¿Qué le dice esto acerca del discípulo (ud)?

_____

_____

_____

El Fruto – El Producto

j.   ¿Cómo es el fruto?

_____

_____

_____

k.   ¿Qué hace el fruto?

_____

_____

5.   Para entender el fruto que viene del discípulo, mire los pasajes siguientes, tome nota de cómo nos dice que vivamos la verdad.

a. Gálatas 5:22 – busque cada palabra en su diccionario y escriba una definición resumida para cada una.

_____

_____

_____

_____

_____

_____

_____

_____

_____

_____

b. Hebreos 13:15-16. Anote lo que es el fruto, y de dónde proviene.

_____

_____

_____

c. Colosenses 1:9-10 Anote qué es el fruto y de dónde viene.

_____

_____

_____

La verdad es viva y tiene el poder de transformar el alma. La Palabra de Dios que está plantada en su alma puede transformar su propia naturaleza, y tal como se manifiesta refleja la naturaleza misma de Dios Viviente.

Esto es para qué Dios le salvó a usted. Es la misma razón por la cual Dios lo creó.

9 Ciertamente cercana está su salvación a los que le temen,
Para que habite la gloria en nuestra tierra.
10 La misericordia y la verdad se encontraron; La justicia y la paz se besaron.
11 La verdad brotará de la tierra, Y la justicia mirará desde los cielos.
12 Jehová dará también el bien, Y nuestra tierra dará su fruto.
13 La justicia irá delante de él, Y sus pasos nos pondrá por camino.

— SALMO 85:9-13 RV60

Acerca de Ancient Promise Ministries

Somos un grupo de personas de Dios deseosas de ver vidas transformadas por el Espíritu de Dios a través de Su Palabra. Nuestro enfoque es el Discipulado. Tomamos el tiempo necesario para ayudar a la gente a descubrir la verdad de Dios y a caminar en ella. Enseñamos, entrenamos y desarrollamos el currículo de discipulado con énfasis en entender el significado de Su Palabra. Nehemías 8: 8 de la Versión Reina Valera del 60 lo dice así; "Y leían en el libro de la ley de Dios claramente, (con entendimiento) y ponían el sentido, de modo que entendiesen la lectura."

Empoderados por Su Espíritu, nuestro deseo es equipar a los creyentes en Jesucristo a través de una comprensión experiencial de la naturaleza, propósitos y prioridades de Dios. Lo hacemos explorando el significado de la verdad que ha sido revelada en Su Palabra y por medio de la vida de Jesucristo. Es motivo de gran gozo poder participar en Su Gran Comisión al permitir que Su Espíritu transforme nuestras vidas y las vidas de aquellos a quienes servimos.

Para obtener más información, visite ancientpromise.org

Para solicitar los planes de estudio de Essentials for Spiritual Growth, visite derekpublishing.co

Made in the USA
Monee, IL
19 December 2023

49922135R00031